Pe. LUIZ CAMILO JÚNIOR

Novena da Imaculada Conceição

Direção editorial:
Pe. Fábio Evaristo R. Silva, C.Ss.R.

Revisão:
Luana Galvão

Coordenação editorial:
Ana Lúcia de Castro Leite

Diagramação e Capa:
Junior Santos

Copidesque:
Bruna Vieira da Silva
Sofia Machado

Textos bíblicos extraídos da Bíblia de Aparecida, Editora Santuário, 2006.

ISBN 85-7200-702-4

10ª impressão

Todos os direitos reservados à **EDITORA SANTUÁRIO** — 2019

Rua Padre Claro Monteiro, 342 — 12570-045 — Aparecida-SP
Tel.: 12 3104-2000 — Televendas: 0800 016 00 04
www.editorasantuario.com.br
vendas@editorasantuario.com.br

Imaculada Conceição

Nossa Senhora ocupa um lugar especial em nosso coração e em nossa caminhada de fé. Ela é a Mãe, que nos trouxe Jesus, e a Mãe, que nos leva para Jesus. Seu pedido aos servos nas bodas de Caná continua ecoando em nossa vida: "Façam tudo o que ele vos disser" (Jo 2,5). No *Sim* de Maria, encontramos o caminho para acolher a vontade de Deus em nosso coração e, assim, permitir que seu projeto de amor se realize em nós e por intermédio de nós. Maria é a Imaculada, coração sempre disponível para a vontade de Deus.

No coração de Maria apenas o querer de Deus tocou, apenas as coisas de Deus ocuparam lugar em sua vida. Maria é o coração disponível para Deus "Faça-se em mim a Tua Palavra" (Lc 1,38).

Queremos com Maria renovar nosso *Sim* ao projeto de Deus. Rezando a Novena da Imaculada Conceição, colocamo-nos em profunda oração com Maria, para aprender dela a viver os mistérios do amor de Cristo em nossa vida. Tudo em Maria se refere a Jesus, por isso a novena da Imaculada Conceição é tempo especial de experimentar a graça de Deus e reconhecer a força de seu amor, que age e transforma nossa história.

Por isso, reze esta Novena com o coração disponível para Deus, como sempre esteve voltado para as coisas de Deus o coração de Nossa Senhora. *Salve, Maria!*

Oração inicial

– Em nome do Pai † do Filho e do Espírito Santo.
– **Amém!**
– Ó Maria concebida sem pecado!
– **Rogai por nós que recorremos a vós!**
– SENHOR, preservastes a Virgem Maria da mancha do pecado, para que, em seu coração imaculado, vosso projeto de amor e salvação pudesse ecoar. Ensinai-nos a encontrar em Maria o caminho para a santidade, que consiste em fazer em tudo vossa Vontade. Dai-nos, ó Pai, pela intercessão de Maria, a Imaculada Conceição, a graça de vivermos em vossa presença e de acolhermos vosso Filho Amado, que Maria, em seu ventre puro e santo, acolheu.

Canto:
– Imaculada, Maria de Deus, coração pobre acolhendo Jesus. Imaculada, Maria do povo, mãe dos aflitos que estão junto à cruz.

Oração:

Sob vossa proteção nos refugiamos, Santa Mãe de Deus. Aos nossos pedidos não fecheis os vossos ouvidos. Somos todos tão necessitados! Livrai-nos sempre de todo perigo, Virgem Gloriosa, por Deus abençoada. Amém!

Oração final

Ladainha de Nossa Senhora

Senhor, tende piedade de nós.
Jesus Cristo, tende piedade de nós.
Senhor, tende piedade de nós.

Jesus Cristo, **ouvi-nos**.
Jesus Cristo, **atendei-nos**.

Deus Pai do céu, **tende piedade de nós**.
Deus Filho, Redentor do mundo, **tende piedade de nós**.
Deus Espírito Santo, **tende piedade de nós**.
Santíssima Trindade, que sois um só Deus, **tende piedade de nós**.

Santa Maria, **rogai por nós**.
Santa Mãe de Deus...
Santa Virgem das virgens...
Mãe de Jesus Cristo...

Mãe da Divina Graça...
Mãe Puríssima...
Mãe Castíssima...
Mãe Imaculada...
Mãe Intacta...
Mãe Amável...
Mãe Admirável...
Mãe do Bom Conselho...
Mãe do Criador...
Mãe do Salvador...
Mãe da Igreja...
Virgem Prudentíssima...
Virgem Venerável...
Virgem Louvável...
Virgem Poderosa...
Virgem Clemente...
Virgem Fiel...
Espelho de Justiça...
Sede da Sabedoria...
Causa da Nossa Alegria...
Vaso Espiritual...
Vaso Digno de Honra...
Vaso Sinal de Devoção...
Rosa Mística...
Torre de Davi...

Torre de Marfim...
Casa de Ouro...
Arca da Aliança...
Porta do Céu...
Estrela da Manhã...
Saúde dos Enfermos...
Refúgio dos Pecadores...
Consoladora dos Aflitos...
Auxílio dos Cristãos...
Rainha dos Anjos...
Rainha dos Patriarcas...
Rainha dos Profetas...
Rainha dos Apóstolos...
Rainha dos Mártires...
Rainha dos Confessores...
Rainha das Virgens...
Rainha de Todos os Santos...
Rainha Concebida sem o Pecado Original...
Rainha Elevada ao Céu...
Rainha do Santo Rosário...
Rainha das Famílias...
Rainha da Paz...

Cordeiro de Deus, que tirais o pecado do mundo,
perdoai-nos, Senhor.

Cordeiro de Deus, que tirais o pecado do mundo,
ouvi-nos, Senhor.
Cordeiro de Deus, que tirais o pecado do mundo,
tende piedade de nós.

Rogai por nós, Santa Mãe de Deus,
– para que sejamos dignos das promessas de Cristo.

Oremos: Senhor Deus, nós vos suplicamos que concedais a nós, vossos filhos e vossas filhas, saúde de corpo e alma, que, pela gloriosa intercessão de Maria, a Imaculada Conceição, sejamos livres de todo mal e alcancemos a eterna alegria que vem de vós. Por Cristo, nosso Senhor. **Amém!**
– Em nome do Pai † do Filho e do Espírito Santo. **Amém!**

1º dia

Com Maria Imaculada, ser sinal da luz de Cristo no mundo

1. Oração inicial *(p. 5)*

2. Rezando a Palavra de Deus *(Ap 12,1-2.5a)*

Um grande sinal apareceu no céu: uma mulher vestida com o sol, tendo a lua sob os pés e uma coroa de doze estrelas na cabeça. Estava grávida e gritava em dor, angustiada para dar à luz. E ela deu à luz um filho, um menino, aquele que vai governar todas as nações com cetro de ferro.

– Palavra do Senhor!
– Graças a Deus!

3. Refletindo

Maria é o sinal que nos aponta Cristo. Como uma estrela, ela nos conduz para aquele que é a fonte da verdadeira luz. Caminhar com Maria sempre nos levará para perto de seu Filho, pois é nele que está o sentido para nossa vida. Em Jesus está a plenitude do viver. Do colo de Maria Imaculada, recebemos Jesus em nosso coração e aprendemos dela a levar Cristo para o coração das outras pessoas também, para que nele todos tenham esperança de vida e de vida plena.

4. Suplicando
Ó Mãe Imaculada, ensinai-nos a encontrar vosso Filho e a caminhar com ele. Apontai-nos a direção para onde devemos conduzir nossa vida, a fim de sermos revestidos da luz de Deus. Queremos também ser um sinal do amor de Jesus junto à vida das pessoas, fazendo da fé a grande força para vencer todo o mal e trilhar sempre no caminho do bem.

Ave, Maria... Glória ao Pai...

5. Gesto concreto
Preparar um singelo e carinhoso altar com a imagem de Nossa Senhora, para ser o lugar de oração durante a Novena.

6. Oração final – Ladainha de Nossa Senhora *(p. 7)*

2º dia

Com Maria Imaculada, acolher o projeto de Deus

1. Oração inicial *(p. 5)*

2. Rezando a Palavra de Deus *(Lc 1,26-31)*

O anjo Gabriel foi enviado por Deus a uma cidade da Galileia, chamada Nazaré, a uma virgem, noiva de um homem, de nome José, da casa de Davi; a virgem chamava-se Maria. Entrando onde ela estava, disse-lhe o anjo: "Alegra-te, ó cheia de graça, o Senhor é contigo".

Ao ouvir tais palavras, Maria ficou confusa e começou a pensar o que significaria aquela saudação. Disse-lhe o anjo: "Não tenhas medo, Maria, porque Deus se mostra bondoso para contigo. Conceberás em teu seio e darás à luz um filho e lhe porás o nome de Jesus".

– Palavra da Salvação!

– Glória a vós, Senhor!

3. Refletindo

Maria sempre teve o coração disponível para Deus. Desde criança, aprendeu a amar o que é de Deus e a fazer com alegria sua vontade. No momento do anúncio, o Anjo Gabriel acalma o coração de Maria dizendo a ela para não ter medo, pois Deus está em sua vida, e tudo o que está para acontecer é obra de seu amor. Maria confia e acredita nas promessas do Senhor e permite que o querer do Pai aconteça em sua vida. Seu ventre Imaculado vai conceber e gerar o próprio autor da vida.

4. Suplicando

Ó Mãe Imaculada, a Palavra de Deus encontrou morada em vosso coração. Em oração, acolhestes o projeto de Deus e ao Senhor destes vosso sim com a vida e por toda a vida. Ensinai-nos a ouvir a voz do Senhor e a ter coragem de responder, com alegria e amor, ao pedido que sua Palavra nos faz. Fazei ecoar em nosso coração a palavra do anjo que vosso coração jamais esqueceu: "Não temas, Deus está contigo!" Que encontremos, nessa verdade de fé, a esperança para a caminhada de nossa vida.

Ave, Maria... Glória ao Pai...

5. Gesto concreto

Transmitir para as pessoas que estejam passando por algum medo que Deus é Amor, a fim de que nele confiem e tenham esperança.

6. Oração final – Ladainha de Nossa Senhora *(p. 7)*

3º dia

Com Maria Imaculada, aprendemos que amar é servir

1. Oração inicial *(p. 5)*

2. Rezando a Palavra de Deus *(Lc 1,39-45)*

Naqueles dias, Maria partiu em viagem, indo às pressas para a região montanhosa, para uma cidade da Judeia. Entrou na casa de Zacarias e cumprimentou Isabel. Logo que Isabel ouviu a saudação de Maria, o menino saltou em seu seio, e Isabel ficou cheia do Espírito Santo e exclamou em alta voz:

– "Tu és bendita entre as mulheres e bendito é o fruto de teu ventre! Como me é dado que venha a mim a mãe do meu Senhor? Pois assim que chegou a meus ouvidos a voz de tua saudação, o menino saltou de alegria em meu seio. Bem-aventurada aquela que acreditou que se cumpriria o que lhe foi dito da parte do Senhor!"

– Palavra da Salvação!
– **Glória a vós, Senhor!**

3. Refletindo

Maria nos ensina que acolher Cristo no coração é se tornar capaz de enxergar as necessidades das pessoas e transformar a vida em dom de amor-serviço, pois quem carrega o amor de Deus tem pressa em ir ao encontro dos outros para servir. É assim que Maria parte ao encontro de Isabel. O amor nos move e nos faz ser próximos de quem necessita de cuidados e atenção. Maria é feliz por acreditar nas promessas de Deus. Sua presença comunica Jesus, em quem está a alegria e a esperança para a vida. Até o silêncio de Maria nos fala de Cristo.

4. Suplicando

Ó Mãe Imaculada, ensinai-nos a servir com amor. Que a presença de Jesus em nosso coração nos faça também ter pressa e ir ao encontro das pessoas que passam por tantas necessidades e que precisam receber gestos de amor para voltar a ter esperança. Ensinai-nos, ó Mãe, a levar a alegria de Cristo como dom para todos os corações.

Ave, Maria... Glória ao Pai...

5. Gesto concreto

Ao longo do dia, encontrar um tempo para ajudar alguém (visitar um doente, socorrer um pobre, visitar um lar de idosos etc.).

6. Oração final – Ladainha de Nossa Senhora *(p. 7)*

4º dia

Com Maria Imaculada, confiamos nossa vida ao Senhor

1. Oração inicial *(p. 5)*

2. Rezando a Palavra de Deus *(Lc 2,22.25-28.33-35)*

Quando se completaram os dias para eles se purificarem, segundo a lei de Moisés, levaram-no a Jerusalém, para apresentá-lo ao Senhor. Havia em Jerusalém um homem chamado Simeão. Era justo e piedoso. Fora-lhe revelado pelo Espírito Santo que não morreria antes de ver o Messias. Movido pelo Espírito, dirigiu-se ao Templo e, quando os pais levaram o menino Jesus, ele o tomou nos braços e louvou a Deus. Seu pai e sua mãe estavam maravilhados com as coisas que dele se diziam. Simeão os abençoou e disse a Maria, sua mãe:

— "Este menino vai causar a queda e a elevação de muitos em Israel; ele será um sinal de contradição; a ti própria, uma espada te transpassará a alma".

– Palavra da Salvação!
– **Glória a vós, Senhor!**

3. Refletindo

Na apresentação de Jesus no Templo, Maria e José fazem a oferta dos pobres, daqueles que têm em Deus sua única segurança. Eles cumprem o mandamento do Senhor com fidelidade e alegria. Em oração, suas mãos se abrem para ofertar, pois o coração reconhece o grande dom que de Deus receberam.

Maria nos ensina a importância da consagração da vida a Deus para que seu projeto de amor se realize em nós. Mesmo diante da profecia de Simeão, de que uma espada de dor tocaria seu coração, Maria confia e não esmorece, pois sabe que não há nada o que temer, pois Deus está em sua vida.

4. Suplicando

Ó Mãe Imaculada, fazei nosso coração recordar que somos consagrados ao Pai para vivermos neste mundo como seus filhos muito amados. Ensinai-nos a fazer a Deus a constante oferta de nossa vida. Que sempre nos entreguemos no altar de Deus para que em nossa vida brilhe a grandeza de seu amor.

E fortalecei, ó Mãe, nossa fé de saber que, em todos os momentos de provação, a mão de

Deus nos sustentará. Por isso, com Maria Imaculada, nós nos apresentamos também diante do Senhor, pois ele conhece nosso coração e nos sustenta com o dom de seu amor.
Ave, Maria... Glória ao Pai...

5. Gesto concreto
Acender uma vela como memória da nossa consagração batismal.

6. Oração final – Ladainha de Nossa Senhora *(p. 7)*

5º dia

Com Maria Imaculada, aprendemos a amar as coisas de Deus

1. Oração inicial *(p. 5)*

2. Rezando a Palavra de Deus *(Lc 2,41-51)*

Os pais de Jesus iam todos os anos a Jerusalém para a festa da Páscoa. Quando ele tinha doze anos, subiram para lá, como era costume na festa. Passados os dias da festa, quando estavam voltando, ficou em Jerusalém o menino Jesus, sem que seus pais o notassem. Depois de três dias o encontraram no Templo, sentado no meio dos doutores, ouvindo-os e interrogando-os.

Todo os que o ouviam estavam maravilhados com sua sabedoria. Quando seus pais o viram, ficaram emocionados. E sua mãe lhe perguntou: "Filho, por que fizeste isso conosco?"

Jesus respondeu-lhes: "Não sabíeis que devo estar naquilo que é de meu Pai?"

Jesus desceu com eles e foi para Nazaré, e lhes era submisso. Sua mãe guardava todas estas recordações em seu coração.

– Palavra da Salvação!
– Glória a vós, Senhor!

3. Refletindo

Ao encontrar o Menino Jesus no Templo, o coração de Maria, no silêncio, reza. E as palavras de Jesus ecoam no coração dela e em nosso coração também: "É preciso estar naquilo que é do Pai". É preciso buscar sempre as coisas de Deus e escolher fazer sempre sua vontade. Maria nos ensina a guardar os sinais do amor de Deus no coração e a confiar em seus desígnios.

4. Suplicando

Mãe Imaculada, ao perder vosso Filho no templo, vosso coração se angustiou. Mas, ao encontrá-lo, a paz em vossa alma transbordou. Ensinai-nos a confiar na graça de Deus e não deixar as preocupações roubarem de nosso coração a esperança nem tirar nossa atenção das coisas de Deus. Ensinai-nos, ó Mãe, a guardar no coração somente o que é expressão de amor de Deus na caminhada da vida.

Ave, Maria... Glória ao Pai...

5. Gesto concreto

Ao longo do dia, escolher um tempo para ir à igreja para um momento pessoal de oração diante do altar.

6. Oração final – Ladainha de Nossa Senhora *(p. 7)*

6º dia

Com Maria Imaculada, aprender a ouvir Jesus

1. Oração inicial *(p. 5)*

2. Rezando a Palavra de Deus *(Jo 2,1-10)*

Houve uma festa de casamento em Caná da Galileia, e lá se encontrava a mãe de Jesus. Também Jesus foi convidado para a festa junto com seus discípulos. Faltando o vinho, a mãe de Jesus lhe disse: "Eles não têm mais vinho". Sua mãe disse aos serventes: "Fazei tudo o que ele vos disser". Jesus disse aos serventes: "Enchei as talhas de água".

Eles as encheram até a boca. Disse-lhes então: "Agora tirai e levai ao mestre-sala".

O mestre-sala tomou então a água transformada em vinho; chamou então o noivo e disse-lhe: "Todo mundo serve primeiro o bom vinho e, quando os convidados já tiverem bebido muito, serve o vinho inferior. Tu, porém, guardaste até agora o vinho melhor".

– Palavra da Salvação!
– **Glória a vós, Senhor!**

3. Refletindo

Na cultura judaica, o vinho é símbolo da alegria. Faltar vinho em uma festa de casamento era sinal de que a alegria estava faltando. Maria, como mãe presente e atenta às necessidades da vida, percebe que a falta de alegria é por não reconhecerem ainda a presença de seu Filho Jesus. Falta alegria no modo de viver a presença e a ação do amor de Jesus na vida. Ela pede ao Filho pelos noivos, mas também pede aos serventes que escutem o Filho e façam o que Ele pede e ensina. Ao ouvir Jesus, a alegria volta para o coração humano, e a verdade do amor é a grande razão da festa da vida.

4. Suplicando

Mãe Imaculada, ensinai-nos a ter um olhar e um coração de servos atentos às necessidades das pessoas. Dai-nos disponibilidade para escutar vosso Filho e praticar tudo o que sua Palavra nos pede. Pois, ouvindo o que Ele fala e realizando o que Ele ensina, faremos a alegria voltar ao coração e à vida, e assim a festa do amor não terá fim.

Ave, Maria... Glória ao Pai...

5. Gesto concreto

Olhar, na realidade da comunidade, pessoas que estejam passando por algum sofrimento, do corpo ou da alma, e levar uma palavra de alegria e esperança a elas.

6. Oração final – Ladainha de Nossa Senhora *(p. 7)*

7º dia

Com Maria Imaculada, ser a família de Jesus

1. Oração inicial *(p. 5)*

2. Rezando a Palavra de Deus *(Lc 8,19-21)*

Vieram ter com Jesus sua mãe e seus irmãos, mas não conseguiam chegar perto dele por causa da multidão. Alguém lhe comunicou: "Tua mãe e teus irmãos estão lá fora e querem te ver".

Em resposta, disse-lhes: "Minha mãe e meus irmãos são estes que ouvem a palavra de Deus e a põem em prática".
– Palavra da Salvação!
– Glória a vós, Senhor!

3. Refletindo
Maria sempre acompanhou a missão de Jesus com as preces em seu coração. Seu coração de Mãe entendeu que Jesus pertencia a todos aqueles para os quais Ele foi enviado para anunciar o amor do Pai. A Missão de Jesus é revelar o projeto de Deus e motivar as pessoas a fazer em tudo a vontade do Senhor. Por isso, um dos maiores elogios que Jesus faz a Maria está nesse Evangelho, porque em tudo ela fez a vontade do Pai e acolheu plenamente a Palavra de Deus em sua vida. E todo aquele que faz a vontade de Deus, como Maria fez, torna-se sua família.

4. Suplicando
Mãe Imaculada, ensinai-nos a acolher a vontade de Deus em nossa vida e a praticar a sua Palavra, para que possamos ser, a vosso exemplo, a família de Jesus, a qual aprende dele a vontade

do Pai e a buscá-la com toda a sinceridade e liberdade de coração. Que de vosso coração puro possamos aprender a deixar a vontade de Deus ganhar espaço em nossa vida e em nossa história.
Ave, Maria... Glória ao Pai...

5. Gesto concreto
Promover um momento de oração em família.

6. Oração final – Ladainha de Nossa Senhora *(p. 7)*

8º dia

Com Maria Imaculada, seguir Jesus até a Cruz

1. Oração inicial *(p. 5)*

2. Rezando a Palavra de Deus *(Jo 19,25-27)*
Junto à cruz de Jesus estavam de pé sua mãe, a irmã de sua mãe, Maria, mulher de Cléo-

fas, e Maria Madalena. Jesus, vendo sua mãe e, perto dela, o discípulo que amava, disse para sua mãe: "Mulher, eis aí teu filho". Depois disse ao discípulo: "Eis aí tua mãe".

E, desta hora em diante, o discípulo acolheu-a consigo.

– Palavra da Salvação!

– Glória a vós, Senhor!

3. Refletindo

Maria é mãe que participa de toda a missão de Jesus. Ela o acolhe na alegria do anúncio do anjo, carrega-o em seus braços na gruta de Belém, segue-o no caminho do Calvário e, no momento em que Jesus faz a total entrega de sua vida pelo Reino, está aos pés de sua cruz, no silêncio profundo do olhar e do coração que fala: "Não temas, Deus está contigo".

Maria também se entrega com Jesus no altar da Cruz e faz de sua vida uma oferta de amor. Ela se oferece com Cristo e acolhe de Cristo o discípulo que Jesus a oferece. Aos pés da cruz, recebe a maternidade espiritual de todos os que seguem Jesus; ela se torna a Mãe da Igreja nascente.

4. Suplicando

Mãe Imaculada, grande foi vossa dor no calvário. Porém, maior foi o amor de Deus, que vos sustentou e vos manteve de pé. Da cruz, recebemos de Jesus a grandeza de vos ter como Mãe em nossa vida. Como discípulos do Senhor, acolhemos-vos em nossa casa e em nosso coração. E sabemos que, no momento de nossa cruz, sereis a Mãe presente. E, com amor e carinho, vós nos fareis acreditar que não há o que temer, pois Jesus está conosco, e tudo podemos em seu amor, que nos fortalece (Fl 4,13).

Ave, Maria... Glória ao Pai...

5. Gesto concreto

Ao longo do dia, reservar pequenos momentos para contemplar a cruz.

6. Oração final – Ladainha de Nossa Senhora *(p. 7)*

9º dia

Com Maria Imaculada, ser templo do Espírito

1. Oração inicial *(p. 5)*

2. Rezando a Palavra de Deus *(At 1,14)*
Todos perseveravam unânimes na oração, junto com algumas mulheres, entre as quais, Maria, mãe de Jesus.
– Palavra do Senhor!
– **Graças a Deus!**

3. Refletindo
Maria é a cheia da graça de Deus. Em seu coração, o Espírito Santo fez morada. Como Mãe da Igreja, ela teve a sublime missão de manter os discípulos de Cristo fortes na fé e unidos na fraternidade. A missão de Maria na Igreja é recordar ao nosso coração o amor de Cristo, que nos uniu para uma missão, a qual nós a realizamos na força do Espírito Santo. Por isso, em

Pentecostes, no nascimento da Igreja Missionária, Maria nos recorda a dimensão sagrada de sermos templos do Espírito Santo, e, na força do Espírito, continuarmos levando o Evangelho de Jesus para todas as pessoas.

4. Suplicando

Mãe Imaculada, vosso coração sempre foi guiado pelo Espírito Santo de Deus. No momento do anúncio, o Espírito pousou sobre vós e gerou, em vossa vida, Jesus. Aos pés da cruz, o Espírito vos fortaleceu, na certeza de que vossa mão estava nas mãos de Deus, e Ele vos sustentou.

No nascimento da Igreja, vosso coração recorda ao nosso coração de discípulos que, no poder do Espírito, falaremos a linguagem do amor para que a mensagem de vosso Filho continue ecoando em nossa vida, como a Palavra do Senhor um dia ecoou em vosso coração.

Ensinai-nos a sermos dóceis aos apelos do Espírito, para que a ação de seu amor continue gerando Cristo em nós e por intermédio de nós.

Ave, Maria... Glória ao Pai...

5. Gesto concreto
Participar na comunidade de alguma ação missionária, vivendo a experiência de ser Igreja em saída.

6. Oração final – Ladainha de Nossa Senhora *(p. 7)*